The Grumpy Turkey and the Grateful Fox: Bilingual German-English Stories For Kids

Pomme Bilingual

Published by Pomme Bilingual, 2024.

While every precaution has been taken in the preparation of this book, the publisher assumes no responsibility for errors or omissions, or for damages resulting from the use of the information contained herein.

THE GRUMPY TURKEY AND THE GRATEFUL FOX: BILINGUAL GERMAN-ENGLISH STORIES FOR KIDS

First edition. November 14, 2024.

ISBN: 979-8230361565

Written by Pomme Bilingual.

Table of Contents

Der mürrische Truthahn und der dankbare Fuchs 1

The Grumpy Turkey and the Grateful Fox 5

Der Truthahn, der Thanksgiving rettete 9

The Turkey Who Saved Thanksgiving 11

Das Geheimnis der verschwundenen Preiselbeeren 13

The Mystery of the Missing Cranberries 15

Der Bär, der Dankbarkeit zeigte 17

The Bear Who Gave Thanks 19

Lulu und das schwimmende Festmahl 21

Lulu and the Floating Feast 23

Das sprechende Tischtuch 25

The Talking Tablecloth 27

Die kleine Laterne 29

The Little Lantern 31

Das Geheimnis des Kuchen-Tauschs 33

The Mystery of the Pie Swap 35

Das geheime Festmahl der Vogelscheuche 37

The Scarecrow's Secret Feast 39

Das Thanksgiving, das fast nicht stattgefunden hätte...............41

The Thanksgiving That Almost Didn't Happen.......................43

Die große Soßenflut 45

The Great Gravy Spill..47

Das Kartoffelbrei-Tauziehen 49

The Mashed Potato Tug-of-War 51

Der Fall der verschwundenen Brötchen.............................53

The Case of the Disappearing Dinner Rolls.........................57

Der mürrische Truthahn und der dankbare Fuchs

Es war einmal ein mürrischer Truthahn namens Tom, der vor Thanksgiving mehr Angst hatte als vor allem anderen. „Ich werde das Hauptgericht sein!", jammerte Tom, während er sich im Wald versteckte und ständig um sich spähte. „Dieses Jahr müssen sie mich erst einmal finden!"

Tom wollte auf keinen Fall auf dem Thanksgiving-Tisch landen und war fest entschlossen, sich so gut wie möglich zu verstecken. Er tarnt sich als Baumstumpf, als Busch und sogar als ein Haufen bunter Herbstblätter. Doch egal, wie er sich verkleidete, das Gefühl der Angst ließ ihn nicht los.

Eines Morgens, als Tom gerade als großer, knorriger Ast getarnt war, bemerkte er, dass ihn jemand beobachtete. Es war Felix, der Fuchs, der mit einem listigen Lächeln im Gesicht aus den Büschen schaute.

„Warum versteckst du dich, Tom?" fragte Felix. „Thanksgiving ist eine Zeit der Freude und des Dankes!"

„Freude? Danke? Pah!" knurrte Tom. „Für mich bedeutet es nur eins: Gefahr! Ich will nicht auf dem Teller enden."

Felix lächelte weise und setzte sich neben Tom. „Ich habe gelernt, dass Thanksgiving mehr ist als nur ein Festessen," sagte er. „Es geht darum, dankbar zu sein für das, was man hat, und das Leben zu feiern – und das kannst auch du tun, ohne Angst haben zu müssen."

Tom runzelte die Stirn. „Ich? Aber ich habe nichts zu feiern."

„Oh, das glaube ich nicht," entgegnete Felix und klopfte Tom ermutigend auf den Rücken. „Es gibt immer etwas, wofür man dankbar sein kann. Vielleicht musst du nur genauer hinsehen."

In den nächsten Tagen zeigte Felix Tom, wie die anderen Tiere im Wald Thanksgiving feierten, ohne Angst zu haben. Die Eichhörnchen dankten für ihre Nüsse, die Vögel sangen Lieder, und selbst die Bienen summten fröhlich. Tom war verblüfft. Er hatte nie darüber nachgedacht, Thanksgiving anders zu sehen.

Dann kam Felix auf eine Idee. „Warum veranstaltest du nicht dein eigenes Fest? Du kannst die Tiere einladen und zusammen feiern – aber nicht als Hauptgericht, sondern als Gastgeber!"

Toms Augen wurden groß. „Ich? Gastgeber?"

Felix nickte. „Das ist doch die perfekte Rolle für dich. Und keine Sorge – ich helfe dir dabei."

Am Tag von Thanksgiving stellte Tom einen Tisch voller Leckereien auf, die er im Wald gesammelt hatte: Beeren, Eicheln, kleine Samen und Blätter. Er hängte seine Angst an den Nagel und lud alle Tiere des Waldes zu sich ein. Die anderen Tiere waren begeistert und kamen mit fröhlichen Gesichtern, um zu feiern.

Als die Feier in vollem Gange war, fühlte sich Tom zum ersten Mal nicht mehr als potenzielles Hauptgericht, sondern als wichtiger Teil der Gemeinschaft. Er sprach ein paar Worte des Dankes und fühlte sich tief im Herzen zufrieden.

Und so endete Thanksgiving für Tom nicht mit Furcht, sondern mit einem Gefühl von Freude und Dankbarkeit.

The Grumpy Turkey and the Grateful Fox

O nce upon a time, there was a grumpy turkey named Tom who was more afraid of Thanksgiving than anything else. "I'm going to be the main dish!" Tom wailed as he hid in the forest, constantly looking around. "This year, they'll have to find me first!"

Tom absolutely did not want to end up on the Thanksgiving table, and he was determined to hide as well as he could. He disguised himself as a tree stump, a bush, and even as a pile of colorful autumn leaves. But no matter how he dressed up, the feeling of fear never left him.

One morning, while Tom was disguised as a large, gnarled branch, he noticed that someone was watching him. It was Felix, the fox, who was peeking out from the bushes with a sly grin on his face.

"Why are you hiding, Tom?" Felix asked. "Thanksgiving is a time for joy and thankfulness!"

"Joy? Thankfulness? Pah!" grumbled Tom. "To me, it only means one thing: danger! I don't want to end up on a plate."

Felix smiled wisely and sat down next to Tom. "I've learned that Thanksgiving is about more than just a big meal," he said. "It's

about being thankful for what you have and celebrating life –
and you can do that too, without being afraid."

Tom furrowed his brow. "Me? But I have nothing to celebrate."

"Oh, I don't think that's true," Felix replied, giving Tom an
encouraging pat on the back. "There's always something to be
thankful for. Maybe you just need to look a little closer."

Over the next few days, Felix showed Tom how the other
animals in the forest celebrated Thanksgiving without fear. The
squirrels thanked the trees for their nuts, the birds sang songs,
and even the bees hummed happily. Tom was amazed. He had
never thought about Thanksgiving in this way before.

Then Felix had an idea. "Why don't you host your own
celebration? You can invite the animals and celebrate together –
but not as the main course, instead as the host!"

Tom's eyes widened. "Me? A host?"

Felix nodded. "It's the perfect role for you. And don't worry – I'll
help you."

On Thanksgiving Day, Tom set up a table full of treats he had
gathered from the forest: berries, acorns, little seeds, and leaves.
He hung up his fear and invited all the animals of the forest to
join him. The other animals were excited and came with happy
faces to celebrate.

As the celebration went on, Tom no longer felt like a potential
main dish but as an important part of the community. He said a
few words of thanks and felt deeply satisfied in his heart.

And so, Thanksgiving ended for Tom not in fear, but in joy and gratitude.

Der Truthahn, der Thanksgiving rettete

Auf einem kleinen Bauernhof lebte ein weiser alter Truthahn namens Tilly. Tilly war anders als die anderen Truthähne – sie war klug und freundlich und hatte schon seit Jahren heimlich dem Bauern bei der Planung des Thanksgiving-Festes geholfen. Kein Mensch ahnte, dass Tilly einen so wichtigen Anteil an den Festlichkeiten hatte.

Doch eines Jahres, kurz vor Thanksgiving, wurde der Bauer krank. „Was sollen wir nur tun?" fragte sich Tilly besorgt. Ohne den Bauern würde es kein Festessen geben, und das ganze Dorf würde enttäuscht sein.

Tilly dachte nach und beschloss, dass es dieses Jahr an ihr und den anderen Tieren lag, das Fest zu retten. Sie rief die Tiere des Bauernhofs zusammen und erklärte ihren Plan. „Wir werden das Festessen selbst organisieren! Gemeinsam schaffen wir das."

Die Tiere schauten sich zuerst unsicher an, doch dann nickten sie zustimmend. Sie alle mochten das Thanksgiving-Fest und wollten dem Bauern und dem Dorf eine Freude bereiten.

„Ich werde die Möhren und Kartoffeln aus dem Garten holen," erklärte das schlaue Schwein Paula. „Und ich besorge das Stroh für die Dekoration," schnatterte die Gans Greta aufgeregt.

Der Hund Bruno bellte: „Ich werde die Gäste am Tor empfangen und ihnen zeigen, wo sie sich hinsetzen können."

In den nächsten Tagen arbeiteten alle Tiere eifrig zusammen. Die Kühe lieferten frische Milch und Käse, die Hühner legten Eier für das Gebäck, und sogar die kleinen Mäuse halfen dabei, die Tische mit Nüssen und Beeren zu schmücken.

Am Tag von Thanksgiving war der Bauernhof kaum wiederzuerkennen. Die Tiere hatten den großen Tisch festlich geschmückt, und alles war bereit für die Gäste. Tilly schaute stolz auf das, was sie zusammen erreicht hatten.

Als die Dorfbewohner kamen, staunten sie nicht schlecht. Sie hatten noch nie so ein wundervolles Thanksgiving-Fest gesehen! Alle lobten die herrlichen Speisen und die liebevolle Dekoration.

Der Bauer, der sich mittlerweile etwas besser fühlte, schaute überrascht und gerührt auf das Fest, das seine Tiere für ihn organisiert hatten. Er wusste nun, dass er eine besondere Gemeinschaft auf seinem Hof hatte – eine, die zusammenhielt und sich gegenseitig half.

Tilly sah zufrieden aus. Dank Teamarbeit und Freundlichkeit hatten die Tiere das Fest gerettet und für ein unvergessliches Thanksgiving gesorgt.

The Turkey Who Saved Thanksgiving

On a small farm lived a wise old turkey named Tilly. Tilly was different from the other turkeys—she was clever, kind, and had been secretly helping the farmer plan the Thanksgiving feast for years. No one knew that Tilly played such an important part in the celebration.

But one year, just before Thanksgiving, the farmer became sick. "What are we going to do?" Tilly wondered anxiously. Without the farmer, there would be no feast, and the whole village would be disappointed.

Tilly thought for a moment and decided that this year, it would be up to her and the other animals to save the celebration. She gathered the animals on the farm and explained her plan. "We will organize the feast ourselves! Together, we can do it."

The animals looked at each other uncertainly at first, but then they nodded in agreement. They all loved Thanksgiving and wanted to bring joy to the farmer and the village.

"I'll fetch the carrots and potatoes from the garden," said the clever pig, Paula. "And I'll bring the straw for the decorations!" quacked Greta the goose excitedly.

Bruno the dog barked, "I'll greet the guests at the gate and show them where to sit."

Over the next few days, all the animals worked hard together. The cows provided fresh milk and cheese, the hens laid eggs for the pastries, and even the little mice helped decorate the tables with nuts and berries.

On Thanksgiving day, the farm was barely recognizable. The animals had decorated the large table beautifully, and everything was ready for the guests. Tilly looked proudly at what they had accomplished together.

When the villagers arrived, they were amazed. They had never seen such a wonderful Thanksgiving celebration! Everyone praised the delicious food and the loving decorations.

The farmer, who was feeling a bit better by now, looked surprised and touched by the feast his animals had organized for him. He realized he had a special community on his farm—a community that stuck together and helped each other.

Tilly looked content. Thanks to teamwork and kindness, the animals had saved the feast and made this Thanksgiving unforgettable.

Das Geheimnis der verschwundenen Preiselbeeren

Die Stadt bereitete sich auf das große Thanksgiving-Fest vor, und die Tische waren reich gedeckt – doch plötzlich bemerkte jemand, dass die Preiselbeeren fehlten! Ohne die berühmten Preiselbeeren der Stadt wäre das Festessen nicht komplett, und alle begannen sich aufzuregen.

Zum Glück war Bella, die junge Detektivin der Stadt, zur Stelle. Bella war neugierig und klug, und sie liebte es, Rätsel zu lösen. „Ich werde die Preiselbeeren finden, bevor das Fest beginnt!" versprach sie.

Bella rief ihre Freunde Max und Emma zur Hilfe, und gemeinsam machten sie sich auf die Suche nach Hinweisen. Sie entdeckten kleine rote Flecken, die von der Festtafel wegführten. „Das könnten Spuren von den Preiselbeeren sein!" rief Bella aufgeregt.

Die Kinder folgten den Spuren quer durch die Stadt – über die Wiese, vorbei am alten Brunnen und hinein in den Wald am Stadtrand. Schließlich hörten sie ein leises Kichern und rascheln im Gebüsch. Als sie vorsichtig näher kamen, entdeckten sie eine Familie von Eichhörnchen, die emsig an einem großen Haufen Preiselbeeren knabberte.

„Aha!" sagte Bella triumphierend. „Ihr habt die Preiselbeeren genommen!"

Die Eichhörnchen sahen erschrocken aus, doch dann erklärte das älteste Eichhörnchen: „Es tut uns leid, wir wollten euch nichts wegnehmen. Wir sammeln nur jedes Jahr ein paar Preiselbeeren für unser eigenes Fest."

Bella und ihre Freunde schauten sich an und lächelten. „Ihr feiert auch Thanksgiving?" fragte Emma neugierig.

„Ja," nickte das Eichhörnchen. „Wir haben auch ein Festmahl und danken für die Vorräte, die wir den Winter über brauchen."

Bella hatte eine Idee. „Wie wäre es, wenn wir unsere Feste verbinden? Ihr bringt die Preiselbeeren zurück, und wir feiern alle zusammen."

Die Eichhörnchen waren begeistert von dieser Idee, und so trugen sie die Preiselbeeren zurück zur Festtafel im Dorf. Die Dorfbewohner waren überrascht, als Bella mit den Eichhörnchen ankam, aber sie freuten sich über die neuen, pelzigen Gäste.

Gemeinsam richteten sie die Tafel noch schöner her, und die Preiselbeeren wurden in Schalen verteilt, damit alle – Menschen und Tiere – genug hatten. Es wurde ein Thanksgiving, das keiner so schnell vergessen würde. Dank Bella und ihrer Freunde hatten sie das Geheimnis gelöst und daraus eine gemeinsame Feier gemacht, die alle verband.

The Mystery of the Missing Cranberries

———

The town was preparing for the big Thanksgiving feast, and the tables were set with delicious food – but suddenly, someone noticed that the cranberries were missing! Without the town's famous cranberries, the feast wouldn't be complete, and everyone began to panic.

Luckily, Bella, the young detective of the town, was there to help. Bella was curious and clever, and she loved solving mysteries. "I'll find the cranberries before the feast starts!" she promised.

Bella called her friends Max and Emma to help, and together they set off in search of clues. They discovered small red stains leading away from the feast table. "These could be cranberry traces!" Bella exclaimed excitedly.

The children followed the trail through the town – across the meadow, past the old well, and into the forest at the edge of town. Finally, they heard soft giggling and rustling in the bushes. As they carefully approached, they found a family of squirrels happily munching on a large pile of cranberries.

"Aha!" said Bella triumphantly. "You took the cranberries!"

The squirrels looked startled, but then the oldest squirrel explained, "We're sorry, we didn't mean to take anything from you. We just collect a few cranberries every year for our own feast."

Bella and her friends looked at each other and smiled. "You celebrate Thanksgiving too?" Emma asked curiously.

"Yes," nodded the squirrel. "We have our own feast and give thanks for the supplies we need to get through the winter."

Bella had an idea. "What if we combine our feasts? You bring the cranberries back, and we all celebrate together."

The squirrels loved the idea, and so they carried the cranberries back to the feast table in the village. The villagers were surprised when Bella arrived with the squirrels, but they were happy to welcome their new furry guests.

Together, they decorated the table even more beautifully, and the cranberries were placed in bowls so that everyone – both humans and animals – had enough. It was a Thanksgiving no one would forget. Thanks to Bella and her friends, they solved the mystery and turned it into a celebration that brought everyone together.

Der Bär, der Dankbarkeit zeigte

Benny, der Bär, war ein gemütlicher Geselle, der den Wald liebte und jeden Winkel kannte. Bisher hatte Benny Thanksgiving immer nur als ein Fest der Menschen betrachtet und nie daran gedacht, dass auch er und seine Freunde es feiern könnten. Doch dieses Jahr kam ihm ein Gedanke: „Warum feiern wir Tiere nicht auch einmal Thanksgiving und zeigen, wie dankbar wir für die Natur und unsere Freundschaft sind?"

So lud Benny seine Freunde zu einem großen Fest im Wald ein. Er erzählte ihnen, dass sie ihre liebsten Dinge mitbringen sollten, um das Fest einzigartig zu machen.

Am nächsten Tag versammelten sich die Tiere im Wald und brachten ihre „Schätze" mit. Doch zu Bennys Überraschung sah die Auswahl an Dingen, die seine Freunde mitgebracht hatten, recht... ungewöhnlich aus.

Der Dachs Dieter brachte eine Sammlung alter Stöcke und sagte stolz: „Das sind die besten Stöcke, die ich das ganze Jahr über gesammelt habe!"

Die Eule Emma brachte ein paar knackige, alte Blätter und erklärte: „Blätter sind doch eine Delikatesse, oder nicht?"

Dann kam der Waschbär Rudi mit einem glänzenden Deckel einer alten Blechdose und rief: „Schaut mal, das glänzt wunderbar im Sonnenlicht! Ein perfekter Festschmuck!"

Und die kleine Maus Mia hatte einige winzige Beeren gesammelt, die sie vorsichtig auf einem Blatt balancierte.

Benny konnte sich ein Lachen kaum verkneifen. „Ihr habt wirklich interessante Dinge mitgebracht," sagte er schmunzelnd. Die Tiere lachten gemeinsam und stellten fest, dass ihre „Gaben" zusammen ein ziemlich ungewöhnliches Festmahl ergaben.

Doch Benny erkannte bald, dass es bei Thanksgiving gar nicht um das perfekte Essen oder die schönsten Dekorationen ging. Es ging darum, zusammen zu sein und das zu teilen, was einem wichtig war – auch wenn es nur alte Stöcke, Blätter oder glänzende Blechdeckel waren.

So feierten Benny und seine Freunde ihr eigenes, verrücktes Thanksgiving-Fest. Sie saßen zusammen, erzählten Geschichten und waren einfach froh, einander zu haben. Benny lächelte zufrieden und dachte: „Thanksgiving kann man auf jede Art und Weise feiern, solange man mit seinen Freunden zusammen ist."

Am Ende des Tages hatten die Tiere das Gefühl, etwas ganz Besonderes erlebt zu haben. Und Benny hatte gelernt, dass Dankbarkeit und Freundschaft das schönste Geschenk von allen sind.

The Bear Who Gave Thanks

Benny, the bear, was a laid-back fellow who loved the forest and knew every corner of it. Until now, Benny had always thought of Thanksgiving as a celebration for humans and had never considered that he and his friends could celebrate it too. But this year, a thought came to him: "Why don't we animals celebrate Thanksgiving too and show how grateful we are for nature and our friendship?"

So, Benny invited his friends to a big feast in the forest. He told them to bring their favorite things to make the celebration special.

The next day, the animals gathered in the forest, each bringing their "treasures" with them. But to Benny's surprise, the items his friends brought looked rather... unusual.

Dieter the badger brought a collection of old sticks and proudly said, "These are the best sticks I've collected all year!"

Emma the owl brought a few crisp, old leaves and explained, "Leaves are a delicacy, aren't they?"

Then came Rudi the raccoon with a shiny lid from an old tin can, shouting, "Look how it gleams in the sunlight! Perfect for decoration!"

And little Mia the mouse had gathered tiny berries, carefully balancing them on a leaf.

Benny could hardly hold back his laughter. "You've really brought some interesting things," he said with a smile. The animals all laughed together and realized that their "gifts" made for a rather unusual feast.

But Benny soon realized that Thanksgiving wasn't about perfect food or beautiful decorations. It was about being together and sharing what was important – even if it was just old sticks, leaves, or shiny tin can lids.

So, Benny and his friends celebrated their own, quirky Thanksgiving. They sat together, told stories, and were simply happy to have each other. Benny smiled contentedly and thought, "Thanksgiving can be celebrated in any way, as long as you're with your friends."

By the end of the day, the animals felt they had experienced something truly special. And Benny had learned that gratitude and friendship were the greatest gifts of all.

Lulu und das schwimmende Festmahl

D ie kleine Maus Lulu hatte große Träume. Dieses Jahr wollte sie ihr erstes eigenes Thanksgiving-Fest ausrichten – und das nicht irgendwo, sondern auf einem riesigen, schwimmenden Blattboot, das sanft den Fluss hinuntertrieb. Lulu hatte sich das genau überlegt: Auf dem Fluss würde das Festmahl etwas ganz Besonderes werden!

Als das Boot fertig war und mit winzigen Schüsseln, Früchten und Nüssen geschmückt, setzte sich Lulu stolz darauf und legte ab. Doch kaum war sie auf dem Wasser, hörte sie ein fröhliches Quieken vom Ufer. Die Tiere des Waldes hatten Lulus Boot gesehen und wollten ebenfalls mitfeiern.

„Darf ich mitkommen?" fragte der Frosch Freddy und hüpfte direkt auf das Boot.

„Ich bringe Pilze für das Festmahl!" rief der Igel Ida und rollte sich vorsichtig an Bord.

Bald war das Blattboot voller Tiere – das Kaninchen Karl, der Vogel Bella und sogar der Biber Bruno, alle wollten Teil des schwimmenden Thanksgiving-Festes sein. Lulu freute sich über die Gesellschaft, doch als immer mehr Tiere hinzustiegen, begann das Boot gefährlich zu schwanken.

„Oh nein, wir dürfen nicht kentern!" piepste Lulu besorgt, als das Wasser anfing, über die Ränder zu spritzen.

Da kam Lulu eine Idee. „Wir müssen das Gewicht gleichmäßig verteilen!" rief sie. Schnell überlegte sie, wie sie die Tiere am besten platzieren konnte, um das Gleichgewicht zu halten.

„Freddy, du sitzt am besten vorne, weil du leicht bist. Ida und Karl, ihr könnt nebeneinander in der Mitte Platz nehmen. Und Bruno, du bist am besten hinten, damit das Boot stabil bleibt," wies Lulu geschickt an.

Gemeinsam rückten die Tiere in die neuen Positionen und merkten, dass das Boot jetzt viel ruhiger auf dem Wasser schaukelte. Sie arbeiteten zusammen, um das Festmahl sicher über die Wellen zu bringen. Auch das Essen teilten sie gerecht auf, sodass jeder ein kleines Stück von Lulus Köstlichkeiten genießen konnte.

Trotz der Herausforderungen und der engen Platzverhältnisse auf dem Blattboot wurde das Festmahl zu einem unvergesslichen Erlebnis. Die Tiere erzählten Geschichten, lachten und freuten sich über das wunderbare Abenteuer, das sie zusammen erlebt hatten.

Lulu lächelte stolz. Sie hatte gelernt, dass man mit Kreativität und Teamarbeit jede Herausforderung meistern konnte. Und so trieb das schwimmende Festmahl in die Abenddämmerung – ein Thanksgiving, das alle Tiere im Wald noch lange in Erinnerung behalten würden.

Lulu and the Floating Feast

L ittle mouse Lulu had big dreams. This year, she wanted to host her very first Thanksgiving feast – and not just anywhere, but on a giant floating leaf boat that gently drifted down the river. Lulu had thought it through carefully: on the river, the feast would be something truly special!

Once the boat was ready, decorated with tiny bowls, fruits, and nuts, Lulu proudly sat down and set off. But as soon as she was on the water, she heard cheerful squeaks from the shore. The animals of the forest had seen Lulu's boat and wanted to join in the celebration.

"Can I come too?" asked Freddy the frog, hopping straight onto the boat.

"I'm bringing mushrooms for the feast!" called Ida the hedgehog, carefully rolling aboard.

Soon, the leaf boat was filled with animals – Karl the rabbit, Bella the bird, and even Bruno the beaver. Everyone wanted to be part of the floating Thanksgiving feast. Lulu was happy for the company, but as more animals hopped aboard, the boat started to rock dangerously.

"Oh no, we can't tip over!" squeaked Lulu anxiously as water began splashing over the sides.

Then, an idea came to Lulu. "We need to balance the weight!" she called out. Quickly, she thought about how to best arrange the animals to keep the balance steady.

"Freddy, you sit at the front because you're light. Ida and Karl, you can sit next to each other in the middle. And Bruno, you're best at the back to keep the boat steady," Lulu directed skillfully.

Together, the animals moved into their new spots, and soon they realized the boat was much steadier on the water. They worked together to keep the feast safe across the waves. They also shared the food equally, so everyone could enjoy a little of Lulu's delicious treats.

Despite the challenges and the cramped space on the leaf boat, the feast turned into an unforgettable experience. The animals told stories, laughed, and reveled in the wonderful adventure they had shared together.

Lulu smiled proudly. She had learned that with creativity and teamwork, any challenge could be overcome. And so, the floating feast drifted into the twilight – a Thanksgiving that all the animals in the forest would remember for a long time.

Das sprechende Tischtuch

Beim alljährlichen Thanksgiving-Treffen war die Stimmung fröhlich, und die ganze Familie hatte sich um den großen, festlich gedeckten Tisch versammelt. Dieses Jahr war etwas Besonderes dabei: ein altes, wunderschön besticktes Tischtuch, das über den ganzen Tisch gelegt wurde. Niemand wusste genau, woher es stammte, nur dass es seit vielen Jahren immer wieder benutzt wurde.

Als die Kinder, darunter Anna, Max und Sophie, um den Tisch saßen und gespannt darauf warteten, dass das Festmahl begann, hörten sie plötzlich ein leises Flüstern. Sie sahen sich erstaunt um, doch die Erwachsenen waren beschäftigt und hatten nichts bemerkt. Schließlich bemerkte Max, dass das Flüstern direkt vom Tischtuch kam.

„Psst, hört zu!" sagte Max leise. Die Kinder beugten sich über das Tischtuch, und da begann es, leise Geschichten zu erzählen.

„Ich erinnere mich an ein Thanksgiving vor vielen Jahren," flüsterte das Tischtuch. „Damals lief der Truthahn in letzter Sekunde davon, und die ganze Familie musste ihm nachjagen! Alle lachten so sehr, dass sie kaum mehr aufstehen konnten."

Die Kinder kicherten und stellten sich das lustige Bild vor. Dann hörten sie weiter.

„Ein anderes Jahr war das kleine Mädchen namens Emma so aufgeregt, dass sie den Kürbiskuchen umgestoßen hat! Der ganze

Kuchen landete auf dem Boden, aber statt traurig zu sein, machte die Familie eine Runde Obstsalat. Sie lachten, dass es das fröhlichste Thanksgiving ohne Kürbiskuchen war."

Anna, Max und Sophie lauschten gebannt den Erinnerungen des Tischtuchs. Es erzählte von gemeinsamen Liedern, lustigen Missgeschicken und warmherzigen Momenten, die die Familie Jahr für Jahr miteinander geteilt hatte.

Langsam begannen die Kinder zu verstehen, dass sie Teil einer langen Tradition waren, einer Geschichte voller Liebe, Lachen und Erinnerungen, die sie alle miteinander verband.

„Und jetzt seid ihr an der Reihe," flüsterte das Tischtuch. „Ihr seid die nächste Generation, die Erinnerungen an diesen Tisch bringt. Eines Tages werdet ihr diese Geschichten euren Kindern erzählen."

Die Kinder lächelten und fühlten sich auf besondere Weise verbunden mit ihrer Familie und der langen Geschichte, die dieses Tischtuch bewahrte. Sie wussten, dass sie Teil von etwas Größerem waren – einer Tradition, die weiterleben würde, solange es Thanksgiving und Familienfeste gab.

The Talking Tablecloth

At the annual Thanksgiving gathering, the atmosphere was cheerful, and the whole family had gathered around the large, festively set table. This year, there was something special: an old, beautifully embroidered tablecloth that covered the entire table. No one knew exactly where it came from, only that it had been used year after year.

As the children, including Anna, Max, and Sophie, sat around the table eagerly waiting for the meal to begin, they suddenly heard a soft whisper. They looked around in surprise, but the adults were busy and hadn't noticed anything. Finally, Max realized the whisper was coming directly from the tablecloth.

"Psst, listen!" Max said quietly. The children leaned over the tablecloth, and to their amazement, it began to tell quiet stories.

"I remember a Thanksgiving from many years ago," whispered the tablecloth. "Back then, the turkey ran away at the last moment, and the whole family had to chase after it! They laughed so much that they could barely stand up."

The children giggled, imagining the funny scene. Then they listened on.

"One year, a little girl named Emma was so excited that she knocked over the pumpkin pie! The whole pie landed on the floor, but instead of being sad, the family made a round of fruit salad. They laughed that it was the happiest Thanksgiving without pumpkin pie."

Anna, Max, and Sophie listened intently to the tablecloth's memories. It told of songs sung together, funny mishaps, and heartwarming moments that the family had shared year after year.

Slowly, the children began to understand that they were part of a long tradition, a story full of love, laughter, and memories that connected them all.

"And now it's your turn," whispered the tablecloth. "You are the next generation to bring memories to this table. One day, you'll tell these stories to your children."

The children smiled, feeling a special connection to their family and the long history the tablecloth had kept. They knew they were part of something bigger – a tradition that would live on as long as there was Thanksgiving and family gatherings.

Die kleine Laterne

Im kleinen Dorf Willowbrook gab es jedes Jahr zu Thanksgiving eine große Parade mit leuchtenden Laternen. Die Laternen erhellten den Weg und zogen die ganze Dorfgemeinschaft in ihren Bann. Dieses Jahr hatte Mia, ein junges Mädchen mit einem großen Herzen, eine kleine Laterne gebastelt, die sie Leo nannte.

Leo war klein und einfach, im Vergleich zu den großen, prachtvollen Laternen, die die anderen Kinder gebaut hatten. Doch Leo hatte einen großen Traum: Er wollte die Parade anführen und den Weg erhellen. Er wusste, dass er im Vergleich zu den anderen Laternen unscheinbar war, doch sein Wunsch zu leuchten war größer als seine Zweifel.

Am Abend der Parade leuchteten die Laternen auf, und das ganze Dorf staunte über die prachtvollen Lichter. Mia hielt Leo stolz in der Hand, und gemeinsam gingen sie am Ende der Reihe mit. Doch plötzlich kam ein heftiger Windstoß auf und blies alle großen Laternen aus. Eine Dunkelheit legte sich über den Weg, und die Parade hielt besorgt inne.

Doch Leo, der kleine, mutige Leo, brannte immer noch. Sein kleines, beständiges Flämmchen leuchtete in der Dunkelheit und wurde zur einzigen Lichtquelle. Mia lächelte und hielt Leo hoch. „Komm, Leo, wir zeigen ihnen den Weg!"

Langsam trat Mia mit Leo an der Spitze der Parade voran. Die Dorfbewohner folgten ihnen, beeindruckt und dankbar für das kleine Licht, das ihnen den Weg wies. Leo leuchtete heller als je zuvor, stolz darauf, dass sein Traum in Erfüllung ging. Er hatte nicht nur Mia den Weg erhellt, sondern dem ganzen Dorf gezeigt, dass auch das kleinste Licht einen großen Unterschied machen konnte.

Als die Parade zu Ende ging, applaudierten alle für Leo und Mia. Sie hatten den Mut des kleinen Lichts gesehen und verstanden, dass selbst die kleinste Laterne Großes bewirken kann, wenn sie nur an sich glaubt.

The Little Lantern

In the small village of Willowbrook, there was a grand parade every year at Thanksgiving, filled with glowing lanterns. The lanterns lit up the path and captivated the entire village. This year, Mia, a young girl with a big heart, made a little lantern that she named Leo.

Leo was small and simple compared to the large, magnificent lanterns the other children had made. But Leo had a big dream: he wanted to lead the parade and light the way. He knew that, compared to the other lanterns, he seemed unremarkable, but his desire to shine was stronger than his doubts.

On the evening of the parade, the lanterns lit up, and the whole village marveled at the splendid lights. Mia held Leo proudly in her hand, and together they walked at the end of the line. But suddenly, a strong gust of wind blew out all the large lanterns. Darkness fell over the path, and the parade came to a worried halt.

But Leo, the small, brave Leo, was still burning. His tiny, steady flame glowed in the dark and became the only light. Mia smiled and held Leo high. "Come on, Leo, let's show them the way!"

Slowly, Mia with Leo at the front of the parade stepped forward. The villagers followed, impressed and grateful for the little light that showed them the way. Leo shone brighter than ever, proud that his dream had come true. He had not only lit the way for

Mia but had shown the entire village that even the smallest light can make a big difference.

As the parade came to an end, everyone applauded Leo and Mia. They had seen the courage of the little light and understood that even the smallest lantern could achieve great things if it simply believed in itself.

Das Geheimnis des Kuchen-Tauschs

In der lebhaften Stadt Maple Hollow war der jährliche Thanksgiving-Kuchen-Tausch das Ereignis der Saison. Jede Familie brachte ihren besten selbstgebackenen Kuchen mit, um ihn mit einer anderen Familie zu tauschen. Die Tische waren beladen mit Apfelkuchen, Kürbiskuchen und allerlei köstlichen Leckereien. Dieses Jahr schien alles wie gewohnt zu laufen – bis zum nächsten Morgen.

Als die Bewohner von Maple Hollow am Morgen des Thanksgiving-Tages zurückkamen, stellte sich heraus, dass alle Kuchen über Nacht ihre Plätze getauscht hatten! Der Apfelkuchen der Familie Huber war auf einmal bei den Müllers, und der Schokoladenkuchen der Müllers stand auf dem Platz der Familie Meier. Die Menschen waren verblüfft und fragten sich, wie das passieren konnte.

Doch Rosie, ein neugieriges Mädchen mit einer Vorliebe für Rätsel, wollte das Geheimnis unbedingt lüften. Mit einem Notizbuch in der Hand und einem Detektivhut auf dem Kopf machte sie sich auf, das Rätsel des Kuchen-Tauschs zu lösen. Sie ging von Haus zu Haus, sprach mit den Familien und untersuchte die Umgebung.

Nach einer Weile bemerkte Rosie kleine Spuren, die zu den Bäumen in der Nähe des Festplatzes führten. Sie folgte ihnen aufmerksam – und entdeckte eine Gruppe spielerischer Waschbären, die sich an den köstlichen Kuchenresten gütlich taten! Die Waschbären waren von den leckeren Gerüchen angelockt worden und hatten über Nacht heimlich die Kuchen getauscht, als sie hin und her schnupperten.

Als Rosie den Bewohnern von Maple Hollow die Wahrheit erzählte, konnten alle nur lachen. Statt sich zu ärgern, beschloss die Stadt, die Waschbären in den Festlichkeiten willkommen zu heißen. Sie organisierten das Fest draußen, sodass die Tiere von weitem zuschauen und auch etwas abbekommen konnten. Die Menschen teilten ihre Kuchen und freuten sich über die neuen Gäste.

Der diesjährige Kuchen-Tausch wurde ein ganz besonderes Ereignis, das niemand je vergessen würde – ein Fest voller Überraschungen, das zeigte, dass auch ungeplante Gäste willkommen sein können.

The Mystery of the Pie Swap

In the lively town of Maple Hollow, the annual Thanksgiving Pie Swap was the event of the season. Every family brought their best homemade pie to trade with another family. The tables were filled with apple pies, pumpkin pies, and all kinds of delicious treats. Everything seemed to go as usual — until the next morning.

When the residents of Maple Hollow returned on Thanksgiving morning, they discovered that all the pies had swapped places overnight! The Huber family's apple pie was suddenly at the Millers', and the Millers' chocolate pie was now at the Meyers' spot. People were baffled, wondering how this could have happened.

But Rosie, a curious girl with a love for mysteries, was determined to solve the pie-swapping puzzle. With a notebook in hand and a detective hat on her head, she set out to uncover the mystery. She went door to door, talked to families, and examined the area carefully.

After a while, Rosie noticed small tracks leading to the trees near the festival grounds. She followed them closely — and discovered a group of playful raccoons happily munching on leftover pie crumbs! The raccoons had been drawn by the delicious smells and had swapped the pies as they sniffed around during the night.

When Rosie shared the truth with the people of Maple Hollow, everyone burst into laughter. Instead of being upset, the town decided to welcome the raccoons to the festivities. They set up the celebration outside, so the animals could watch from a distance and enjoy some treats too. The people shared their pies and enjoyed their unexpected guests.

That year's Pie Swap became an unforgettable event — a celebration full of surprises that showed everyone that even unplanned guests could be welcome.

Das geheime Festmahl der Vogelscheuche

Die schüchterne Vogelscheuche Sam stand das ganze Jahr über auf ihrem Platz im Feld und schützte die Ernte vor den Vögeln. Jedes Jahr sah er aus der Ferne die fröhlichen Thanksgiving-Feierlichkeiten im Dorf. Er hörte das Lachen, roch die köstlichen Gerüche und sah die Lichter, die den Festplatz erhellten. Sam sehnte sich danach, selbst einmal Teil dieses Festes zu sein, doch als Vogelscheuche blieb er immer nur ein stiller Beobachter.

Eines kalten Herbstabends, als der Wind durch das Feld wehte, hörten ein paar Feldmäuse Sams leisen Seufzer. Die Mäuse verstanden sofort, was sich der einsame Vogelscheuchenmann wünschte, und beschlossen, ihm eine Überraschung zu bereiten. „Lasst uns ein kleines Fest für Sam vorbereiten!" piepste eine der Mäuse begeistert. Die anderen stimmten zu, und so machten sie sich an die Arbeit.

Die Mäuse sammelten kleine Körner und Nüsse, die sie als Leckerbissen für das Festmahl bereitstellten. Bald schlossen sich auch andere Tiere an: Ein Hase brachte knackige Karotten, ein Igel rollte ein paar saftige Beeren herbei, und ein Eichhörnchen kramte ein paar Eicheln hervor. Alle Tiere arbeiteten zusammen, um ein kleines, aber feines Festmahl für Sam zu organisieren.

Als die Nacht hereinbrach und die Sterne den Himmel erleuchteten, führten die Tiere Sam vorsichtig zu seinem geheimen Festmahl. Der schüchterne Vogelscheuchenmann konnte kaum glauben, was er sah – ein kleines Fest, extra für ihn, voller herbstlicher Köstlichkeiten und guter Gesellschaft. Zum ersten Mal war er nicht nur ein stiller Beobachter, sondern der Ehrengast des Festes.

Sam fühlte sich von Herzen dankbar. Er verstand, dass er vielleicht nie mitten im Dorf feiern konnte, aber er brauchte auch kein großes Fest. Denn mit Freunden und einem einfachen Mahl hatte er alles, was er brauchte, um sich zuhause zu fühlen. Sam lächelte und genoss das Fest mit seinen neuen Freunden, das kleine Lichter in der Dunkelheit brachte und ihm das Gefühl gab, endlich dazuzugehören.

The Scarecrow's Secret Feast

The shy scarecrow Sam stood all year long in his place in the field, guarding the crops from the birds. Every year, he watched from a distance as the village celebrated Thanksgiving. He could hear the laughter, smell the delicious aromas, and see the lights that brightened the festival grounds. Sam longed to be part of the celebration himself, but as a scarecrow, he remained only a silent observer.

One chilly autumn evening, as the wind swept across the field, a few field mice heard Sam's quiet sigh. They understood what the lonely scarecrow wished for, and they decided to surprise him. "Let's throw a little feast for Sam!" squeaked one of the mice excitedly. The others agreed, and they began preparing at once.

The mice gathered small grains and nuts to serve as treats for the feast. Soon, other animals joined in: a rabbit brought some crunchy carrots, a hedgehog rolled over a few juicy berries, and a squirrel unearthed a stash of acorns. Together, all the animals worked to create a simple but special feast for Sam.

As night fell and the stars lit up the sky, the animals gently led Sam to his secret feast. The shy scarecrow could hardly believe his eyes — a little banquet, just for him, filled with autumn treats and the company of friends. For the first time, he wasn't just a silent observer; he was the guest of honor at the celebration.

Sam felt deeply grateful. He realized he might never celebrate in the heart of the village, but he didn't need a grand festival. With friends and a simple meal, he had everything he needed to feel at home. Sam smiled and enjoyed the feast with his new friends, who brought light to the darkness and made him feel like he truly belonged.

Das Thanksgiving, das fast nicht stattgefunden hätte

Im kleinen Städtchen Sunnybrook war Thanksgiving immer ein ganz besonderes Ereignis. Doch dieses Jahr drohte es, zum ersten Mal überhaupt auszufallen. Ein gewaltiger Sturm hatte alle Dekorationen zerstört und fast das gesamte Essen fortgespült. Die Bewohner waren traurig und dachten, dass sie das Fest dieses Jahr absagen müssten.

Doch die Geschwister Ben und Lucy wollten sich damit nicht abfinden. „Thanksgiving kann doch nicht einfach ausfallen!" rief Lucy entschlossen. „Das Fest ist so wichtig für alle!" Ben nickte zustimmend. Zusammen fassten sie einen Plan: Sie würden ihre Freunde und Nachbarn mobilisieren, um Thanksgiving zu retten.

Ben und Lucy klopften an jede Tür und erzählten von ihrem Vorhaben. Schnell fanden sie Menschen, die bereit waren zu helfen. Einige Nachbarn brachten noch vorhandene Lebensmittel, andere halfen, das Gemeindehaus zu schmücken. Da die alten Dekorationen verloren waren, bastelten die Kinder und Erwachsenen neue aus recycelten Materialien – Papiergirlanden aus alten Zeitungen, Kerzenhalter aus leeren Gläsern und Tischdecken aus Stoffresten.

Die Leute halfen einander mit Freude, und aus einfachen Zutaten entstand ein bescheidenes, aber liebevoll zubereitetes Festmahl. Die Stimmung war warm und herzlich, und als alle zusammenkamen, spürten sie, dass sie etwas ganz Besonderes geschaffen hatten. Es war ein Thanksgiving, wie es Sunnybrook noch nie erlebt hatte.

Als das Fest begann, wurde allen klar, dass Thanksgiving nicht von prächtigen Dekorationen oder einem üppigen Buffet abhing. Es war das Miteinander, der Zusammenhalt und die Dankbarkeit, die das Fest so besonders machten. Durch ihre Gemeinschaft und ihren Zusammenhalt hatten sie das Fest gerettet und gezeigt, dass man in schweren Zeiten gemeinsam stark sein kann.

Dieses Thanksgiving in Sunnybrook würde niemand je vergessen. Die Bewohner feierten nicht nur das Fest, sondern auch ihre Stärke, ihr Mitgefühl und die Freude daran, einander zu helfen.

The Thanksgiving That Almost Didn't Happen

In the small town of Sunnybrook, Thanksgiving was always a special event. But this year, it nearly didn't happen at all. A huge storm had destroyed all the decorations and washed away most of the food. The townspeople were disheartened and thought they might have to cancel the celebration this year.

But siblings Ben and Lucy refused to accept that. "Thanksgiving can't just be canceled!" Lucy declared determinedly. "It's so important for everyone!" Ben nodded in agreement. Together, they came up with a plan: they would gather friends and neighbors to save Thanksgiving.

Ben and Lucy went door to door, sharing their idea. Soon, people were eager to help. Some neighbors brought whatever food they had left, and others helped decorate the community hall. Since the old decorations were ruined, the children and adults made new ones from recycled materials — paper garlands from old newspapers, candle holders from empty jars, and tablecloths from fabric scraps.

Everyone helped with joy, and from simple ingredients, they created a modest but lovingly prepared feast. The atmosphere was warm and filled with cheer, and as they gathered together, they felt that they had created something truly special. It was a Thanksgiving unlike any Sunnybrook had ever seen.

As the celebration began, everyone realized that Thanksgiving wasn't about fancy decorations or a grand buffet. It was the togetherness, the unity, and the gratitude that made the holiday so meaningful. Through their community and resilience, they had saved Thanksgiving and shown that, in tough times, they could stand strong together.

This Thanksgiving in Sunnybrook would be one to remember forever. The townspeople celebrated not only the holiday but also their strength, compassion, and the joy of helping one another.

Die große Soßenflut

Am Erntedankfest in Eichenhain ist die Stimmung festlich, und alle Dorfbewohner haben sich auf dem großen Platz versammelt, um das köstliche Festmahl zu genießen. Der gutmütige, aber etwas tollpatschige Koch Herr Murphy hat den ganzen Tag hart gearbeitet, um die leckeren Speisen vorzubereiten. Besonders stolz ist er auf die riesige Soßenkanne, die die ganze Gemeinde satt machen soll.

Doch als Herr Murphy die große Kanne zur Tafel tragen will, passiert das Unvermeidliche. Mit einem kurzen Stolpern gerät er ins Wanken, und die schwere Soßenkanne kippt um! Eine Flutwelle von Soße ergießt sich über den ganzen Platz und bahnt sich ihren Weg zwischen den Tischen und Bänken hindurch. Die Menschen kreischen, weichen aus, und einige rutschen schon durch die warme, braune Soßenpfütze, die sich über alles ergießt.

Das Chaos ist perfekt – alle versuchen, das Essen vor der „Soßenflut" zu retten. Doch je mehr sie sich beeilen, desto mehr rutschen sie aus und landen lachend und kichernd in der Soße. Kinder, Erwachsene, und sogar die Großeltern gleiten und rutschen über den Platz, als wären sie auf einer riesigen Schlitterbahn.

Irgendwann hält keiner mehr die Soße zurück, und statt die Flut zu bekämpfen, beschließen die Dorfbewohner, das Beste aus der Situation zu machen. Sie taufen den verrückten Moment die „Soßen-Rutsche" und erfinden ein neues Spiel daraus. Jung und Alt nehmen Anlauf, gleiten über den Platz und versuchen, so weit wie möglich zu rutschen. Lachen und Freude füllen die Luft, und alle genießen das unerwartete Abenteuer.

So endet das Erntedankfest in Eichenhain nicht nur mit einem leckeren Mahl, sondern auch mit einer neuen Tradition. Jedes Jahr wird nun die „Soßen-Rutsche" gefeiert – ein Fest voller Lachen, Rutschen und der Erinnerung daran, dass selbst die größten Missgeschicke in die schönsten Erinnerungen verwandelt werden können.

The Great Gravy Spill

On Thanksgiving in the town of Oakgrove, the mood is festive, and all the townspeople have gathered in the town square to enjoy the delicious feast. The good-natured but somewhat clumsy chef, Mr. Murphy, has worked hard all day preparing the tasty dishes. He's especially proud of the giant pot of gravy that's meant to feed the whole community.

But when Mr. Murphy tries to carry the big pot to the table, the inevitable happens. With a slight stumble, he loses his balance, and the heavy gravy pot tips over! A tidal wave of gravy spills across the entire square, making its way between tables and benches. People scream, dodge, and some already slip and slide through the warm, brown gravy puddle that has spread everywhere.

Chaos ensues – everyone scrambles to save the food from the "gravy flood." But the more they hurry, the more they slip and land laughing and giggling in the gravy. Children, adults, and even grandparents slide and glide across the square, as if they were on a giant slip-and-slide.

Eventually, no one can stop the gravy, and instead of fighting the flood, the townspeople decide to make the best of the situation. They name the crazy moment the "Gravy Slide" and invent a new game. Young and old take turns running up, sliding across the square, and trying to glide as far as possible. Laughter and joy fill the air as everyone enjoys the unexpected adventure.

So, the Thanksgiving celebration in Oakgrove ends not only with a delicious meal but also with a new tradition. Every year now, the "Gravy Slide" is celebrated – a festival full of laughter, sliding, and the reminder that even the biggest accidents can turn into the most cherished memories.

Das Kartoffelbrei-Tauziehen

Beim Erntedankfest in Cedarville sind Mr. Bigsbys berühmte Kartoffelbrei immer das Highlight des Festes. Alle Dorfbewohner freuen sich darauf, einen Löffel von seinem cremigen, perfekt gewürzten Kartoffelbrei zu ergattern. Doch dieses Jahr läuft alles ein wenig anders als geplant.

Zwei Kinder, Max und Lily, sitzen sich am Tisch gegenüber und haben beide das gleiche Ziel: den größten Löffel voll Kartoffelbrei zu ergattern. Beide greifen zur gleichen Zeit nach dem Kartoffelbrei – und keiner von ihnen will loslassen! Max zieht mit aller Kraft an seinem Ende des Löffels, während Lily fest an ihrem Ende zieht. Ein Tauziehen beginnt, das schnell zu einem echten Spektakel wird.

Die anderen Dorfbewohner blicken gespannt zu, während sich Max und Lily weiter duellieren. Doch plötzlich geschieht das Unvermeidliche: Der Löffel rutscht ihnen aus den Händen, und der Kartoffelbrei fliegt durch die Luft – in alle Richtungen! Eine riesige Kartoffelbrei-Schlacht bricht aus, als die anderen Kinder jubelnd aufspringen und sich der „Schlacht" anschließen. Schon bald sind alle – Kinder, Erwachsene und sogar Mr. Bigsby – über und über mit Kartoffelbrei bedeckt.

Die Dorfbewohner lachen so sehr, dass ihnen die Tränen kommen. Niemand hätte gedacht, dass das Fest so enden würde, doch alle sind sich einig: Dieses Erntedankfest wird ihnen für immer in Erinnerung bleiben. Am Ende beschließen sie, dass die

Kartoffelbrei-Schlacht zur neuen Tradition wird – schließlich war es das lustigste und unvergesslichste Fest, das Cedarville je erlebt hat!

The Mashed Potato Tug-of-War

At the Thanksgiving festival in Cedarville, Mr. Bigsby's famous mashed potatoes are always the highlight of the celebration. All the villagers look forward to getting a spoonful of his creamy, perfectly seasoned mashed potatoes. But this year, things take a slightly unexpected turn.

Two kids, Max and Lily, sit across from each other at the table, both with the same goal: to get the biggest scoop of mashed potatoes. They both reach for the mashed potatoes at the same time – and neither is willing to let go! Max pulls with all his might on his end of the spoon, while Lily holds tight to her end. A tug-of-war begins, quickly turning into a spectacle.

The other villagers watch eagerly as Max and Lily continue their duel. But suddenly, the inevitable happens: the spoon slips from their hands, sending mashed potatoes flying in all directions! A huge mashed potato battle erupts as the other kids cheer and join in the "fight." Soon, everyone – kids, adults, and even Mr. Bigsby – is covered in mashed potatoes.

The villagers laugh so hard they have tears in their eyes. No one could have imagined the festival ending like this, but everyone agrees: this Thanksgiving will be one they'll never forget. In the end, they decide that the mashed potato battle should become a new tradition – after all, it was the funniest and most unforgettable celebration Cedarville had ever experienced!

Der Fall der verschwundenen Brötchen

Kurz vor dem großen Thanksgiving-Fest in Maplewood herrscht große Aufregung. Die Tische sind gedeckt, der Duft von gebratenem Gemüse und Gewürzen liegt in der Luft, und alles scheint bereit zu sein – bis die Dorfbewohner ein schockierendes Problem entdecken: Die Brötchen sind überall verschwunden! Egal in welches Haus man schaut, die frischen, goldbraunen Brötchen, die zum Festmahl gehören, sind wie vom Erdboden verschluckt.

Eli und Nina, die beiden jungen Hobbydetektive des Dorfes, beschließen, den Fall zu übernehmen. „Wir finden die verschwundenen Brötchen – das verspreche ich!", ruft Eli entschlossen, und Nina nickt eifrig.

Zuerst besuchen sie das Haus von Frau Müller, die die besten Brötchen im ganzen Dorf backt. „Sie waren noch gestern Abend hier!", sagt Frau Müller verzweifelt. Eli und Nina schauen sich um und entdecken kleine Krümel auf dem Boden. Eine Spur!

Sie folgen den Krümeln bis zum Gartenzaun, wo sie plötzlich auf den ersten Verdächtigen stoßen: die Katze Mimi. Mimi sitzt dort und leckt sich genüsslich die Pfoten. Eli kneift die Augen zusammen. „Hast du die Brötchen gefressen, Mimi?", fragt er. Die Katze sieht ihn nur mit einem gelangweilten Blick an und schnurrt als Antwort. Nina schüttelt den Kopf. „Ich glaube, Mimi ist unschuldig," sagt sie.

Weiter geht die Suche, und die nächste Spur führt die beiden zu einem Busch, aus dem plötzlich ein leises Kichern zu hören ist. „Das kann nur Ricky, der Waschbär, sein!" flüstert Nina aufgeregt. Sie schleichen näher und tatsächlich – Ricky, der freche Waschbär, sitzt da und kichert in sich hinein. „Ricky, weißt du etwas über die verschwundenen Brötchen?" fragt Eli. Doch Ricky grinst nur, zuckt mit den Schultern und huscht schnell davon.

„Hm, seltsam," murmelt Eli. „Wir brauchen mehr Hinweise." Schließlich kommen sie an das Haus von Herrn Meier, der einen Hund namens Bruno hat, der immer brav und freundlich aussieht. Doch heute sieht Bruno besonders unschuldig aus, beinahe schon zu unschuldig. „Bruno, warst du etwa der Brötchendieb?" fragt Nina und sieht ihm direkt in die Augen. Bruno wedelt nur mit dem Schwanz und schaut die beiden an, als wüsste er von nichts.

Enttäuscht überlegen Eli und Nina, wo sie noch suchen könnten. Da fällt ihnen ein letzter Ort ein: das Haus des Bürgermeisters! Sie schleichen sich leise zum Hinterhof und entdecken dort die nächste Spur – diesmal handelt es sich um noch mehr Brötchenkrümel, die direkt in einen kleinen Stall führen. Eli und Nina halten den Atem an und spähen hinein.

Dort, mitten im Stall, liegt die schlafende Daisy, das Schwein des Bürgermeisters, mit einem sehr zufriedenen und prall gefüllten Bauch. Überall um sie herum liegen Krümel und ein paar letzte Brötchenreste. Eli und Nina können nicht anders als zu lachen. „Also war Daisy die Brötchendiebin!", sagt Eli, und Nina kichert.

Die Dorfbewohner versammeln sich um Daisy, die nun mit ihren großen Augen unschuldig blinzelt. Anstatt sich zu ärgern, brechen alle in schallendes Gelächter aus. Der Bürgermeister reibt Daisy sanft den Bauch und sagt: „Ach, Daisy konnte dem Duft der Brötchen wohl einfach nicht widerstehen."

Am Ende backen die Dorfbewohner zusammen neue Brötchen, und das Thanksgiving-Fest wird fröhlich fortgesetzt. Daisy bekommt sogar ein kleines Brötchen als besonderen Leckerbissen – schließlich kann niemand so einem süßen Brötchendieb wirklich böse sein.

The Case of the Disappearing Dinner Rolls

Just before the big Thanksgiving celebration in Maplewood, excitement fills the air. The tables are set, the aroma of roasted vegetables and spices drifts through the village, and everything seems ready—until the townspeople discover a shocking problem: the dinner rolls have disappeared! No matter where they look, the fresh, golden rolls that everyone was looking forward to have mysteriously vanished.

Eli and Nina, the town's young amateur detectives, decide to take on the case. "We'll find those missing rolls—I promise!" Eli says determinedly, and Nina nods eagerly.

Their first stop is Mrs. Miller's house. She's known for baking the best rolls in town. "They were here just last night!" Mrs. Miller says, distressed. Eli and Nina look around and spot a few crumbs on the floor. A clue!

They follow the crumbs to the garden fence, where they suddenly spot their first suspect: Mimi the cat. Mimi sits there, licking her paws contentedly. Eli squints. "Did you eat the rolls, Mimi?" he asks. The cat looks at him with a bored expression and purrs in response. Nina shakes her head. "I think Mimi's innocent," she says.

The search continues, and the next trail leads them to a bush, where they hear a soft giggle. "That can only be Ricky the raccoon!" Nina whispers excitedly. They sneak closer, and sure enough—Ricky, the mischievous raccoon, is sitting there, chuckling to himself. "Ricky, do you know anything about the missing rolls?" Eli asks. But Ricky just grins, shrugs, and scurries off quickly.

"Hm, strange," mutters Eli. "We need more clues." Finally, they come to Mr. Meyer's house, where his dog, Bruno, always looks friendly and well-behaved. But today, Bruno looks especially innocent—almost too innocent. "Bruno, were you the roll thief?" Nina asks, looking him right in the eyes. Bruno just wags his tail and stares at them as if he knows nothing.

Feeling stumped, Eli and Nina think of one last place to check: the mayor's house! They tiptoe around the back and discover the next clue—more crumbs that lead right to a small shed. Eli and Nina hold their breath and peek inside.

There, in the middle of the shed, lies Daisy, the mayor's pet pig, with a very full and very satisfied belly. All around her are crumbs and the last few bits of the rolls. Eli and Nina can't help but laugh. "So Daisy was the roll thief!" Eli says, and Nina giggles.

The townsfolk gather around Daisy, who now looks up at them with her big, innocent eyes. Instead of getting mad, everyone bursts out laughing. The mayor gives Daisy a gentle belly rub and says, "Oh, Daisy just couldn't resist the smell of fresh rolls, I suppose."

In the end, the townspeople all come together to bake a new batch of rolls, and the Thanksgiving celebration continues joyfully. Daisy even gets a little roll as a special treat—after all, who could stay mad at such an adorable roll thief?